LIGUE DE PROPAGANDE CATHOLIQUE & SOCIALE

11, RUE DE LILLE. — PARIS.

DISCOURS

DE

M. LE COMTE ALBERT DE MUN

Président de la Ligue

PRONONCÉ A LA RÉUNION DES LIGUEURS DE ST-ÉTIENNE

LE 18 DÉCEMBRE 1892

PARIS

F. LEVÉ, IMPRIMEUR DE L'ARCHEVÊCHÉ

RUE CASSETTE, 17

1892

LETTRE DE LÉON XIII

A M. le comte Albert de Mun

A l'occasion du discours qu'il a prononcé à St-Étienne, M. de Mun a reçu du Souverain Pontife la lettre qui suit :

A Notre très cher Fils le comte Albert de Mun.

Très cher Fils,

Nous avons reçu, par l'entremise de Notre Cardinal Secrétaire d'Etat, un exemplaire du discours prononcé par vous récemment à Saint-Etienne, dans une assemblée de Catholiques. Nous l'avons lu avec grande satisfaction. Bien qu'en effet Nous ayons eu souvent l'occasion d'apprécier vos remarquables qualités d'orateur chrétien et le zèle infatigable que vous apportez à la défense de la cause catholique, Nous avons, à propos de ce dernier discours, ressenti avec un singulier plaisir quel amour sincère de la religion et de la patrie recouvre le riche vêtement de votre noble éloquence. Unis ensemble, ces deux amours ont rendu jadis la France grande et glorieuse, tandis que les séparer, comme certains le voudraient, ce serait préparer sa décadence, en faisant disparaître le plus puissant élément de la force et de la grandeur d'un peuple ; ce serait ruiner le sens moral et ébranler les fondements mêmes de la Société civile.

Et en vérité, combien Nous aimons Nous souvenir que,

tant que l'Eglise et la Société civile se donnèrent mutuellement la main et marchèrent de concert chacune dans la sphère d'action qui lui est propre, la Nation Française, assurée de la paix à l'intérieur par le concours de toutes les forces vers le bien commun, put réaliser au dehors de magnifiques entreprises et transmettre à la postérité un renom glorieux de valeur et de vertu. Mais, hélas! avec quelle évidence aussi l'histoire ne témoigne-t-elle pas que, quand les funestes conseils d'une fausse politique mirent en danger cette précieuse harmonie, la France, déchirée par les partis et des rivalités stériles, devint misérablement la proie de sectaires à vues courtes et égoïstes qui, ayant perdu jusqu'à la notion du devoir et de l'honnête, placèrent, avec grand détriment de la nation, leurs avantages privés au-dessus du bien commun!

En présence d'un tel état de choses, ne recherchant que le bien des âmes, but suprême de Notre ministère, mû par un sentiment de paternelle affection envers la Fille aînée de l'Eglise, qui en tant de circonstances a bien mérité de la civilisation et du Siège Apostolique, Nous avons plusieurs fois adressé Notre parole à la Nation Française, pour représenter à tous les hommes de sens et de bonne volonté la nécessité d'accepter d'un commun accord la forme de gouvernement actuellement constituée, cette acceptation étant l'unique moyen d'arriver, par la mise en commun de toutes les énergies, à rétablir la paix religieuse, et avec elle la concorde entre les citoyens, le respect de l'autorité, la justice et l'honnêteté dans la vie publique. Nous ne pouvons que confirmer et inculquer de nouveau ces mêmes sentiments, aujourd'hui que Nous voyons la France réclamer à haute voix, plus que jamais, le concours de tous ses fils, les inviter à laisser de côté les intérêts privés et les dissentiments politiques, pour unir leurs forces contre le danger commun, retenir leur patrie sur la pente glissante qui conduit à sa ruine, en faisant prévaloir dans les institutions publiques la liberté, la justice, l'honnêteté et le respect dû aux croyances de la grande majorité des Français.

Sur ce terrain à la fois large et sage, peuvent aisément se rencontrer tous les hommes d'intelligence et de cœur qui ne sacrifient pas le bien commun de la patrie à des intérêts personnels, et que les passions n'aveuglent pas jusqu'à ne pas leur laisser voir les maux qu'entraînerait pour leur pays la réalisation de desseins égoïstes. C'est pour tous, mais spécialement pour les catholiques, un devoir d'oublier leurs discordes passées, de s'unir et de s'organiser en vue du bien commun. N'apporter à cette œuvre de salut que tiédeur, indifférence, et surtout y opposer résistance, serait assurément une grande faute.

L'étude des questions sociales, si grosses partout, à cette heure, de préoccupations et de craintes, n'est pas moins digne d'attirer l'attention des catholiques.

Le peuple a toujours été particulièrement cher à l'Eglise, qui est mère : l'ouvrier qui souffre, soit parce qu'il est abandonné, soit parce qu'il est opprimé, doit être entouré des soins les plus continus et les plus affectueux, pour se relever et sortir de la condition malheureuse à laquelle il est réduit, sans recourir aux violences et chercher le renversement de l'ordre social. C'est dans cette pensée, en dehors de toute préoccupation purement terrestre et uniquement pour accomplir le devoir de Notre charge, que Nous avons récemment publié Notre Encyclique *De Conditione opificum* et ensuite donné, à l'occasion, sur ce même sujet, divers avis et enseignements paternels.

Et maintenant, cher Fils, vous comprendrez sans peine que, connaissant votre piété filiale et le zèle intelligent avec lequel vous vous employez à seconder Nos desseins, à rendre Nos enseignements populaires et à les faire pénétrer dans la pratique de la vie sociale, la lecture de votre discours Nous ait été souverainement agréable. Tandis que Nous Nous plaisons à vous donner des éloges justement mérités, Nous vous exhortons à poursuivre votre généreuse entreprise.

Puisse-t-il surgir des hommes qui, avec un dévouement

pareil au vôtre et une grande largeur de vues, se consacrent tout entiers au relèvement de la France !

Nous avons d'ailleurs pleine confiance qu'en des questions si graves et si importantes, vous serez toujours fidèle aux règles par Nous tracées.

Comme gage de Notre bienveillance, Nous vous donnons de tout cœur la Bénédiction apostolique.

Du Vatican, le 7 janvier 1893.

LEO P. P. XIII.

DISCOURS

DE

M. LE COMTE ALBERT DE MUN

Messieurs,

J'ai répondu sans hésiter à votre appel, non seulement parce que j'étais heureux de vous témoigner la reconnaissance dont me pénètre votre affectueuse sympathie et de vous apporter mes félicitations pour la généreuse initiative dont vous donnez ici l'exemple, mais aussi parce que j'ai voulu saisir l'occasion qui m'était offerte de dire publiquement ce que je pense du devoir des catholiques dans les circonstances actuelles.

Et, quand je dis les circonstances actuelles, je ne parle pas seulement des incidents qui se déroulent depuis un mois sous les yeux du public révolté par ces honteuses révélations : ils dominent, assurément et à bon droit, par l'énormité du scandale, toutes les autres préoccupations du moment, mais ils ne doivent pas nous les faire oublier ; ils ne sont d'ailleurs que la triste manifestation d'un état général, et précisément parce qu'ils jettent sur les mœurs sociales et politiques de notre temps une instructive lumière, ils doivent être pour les catholiques une raison nouvelle de proclamer énergiquement leurs principes et d'opposer au mal grandissant le seul remède efficace, celui de la morale chrétienne, appliquée sans réserve à la vie publique. (*Vifs applaudissements.*)

L'année qui va commencer dans quelques jours aura, pour notre pays, une importance capitale, puisqu'elle verra s'accomplir, par l'élection des représentants du suffrage universel, le renouvellement intégral de la Chambre des députés. C'est toujours un moment critique et solennel dans notre vie nationale : les évènements que nous traversons vont peut-être le précipiter ; mais, à quelque heure qu'il vienne, ce sera pour les catholiques une épreuve particulièrement sérieuse et grave. Pour la première fois, en effet, depuis de longues années, ils seront amenés à prendre position dans la lutte, sans être liés à aucun parti. (*Applaudissements.*)

Je vous dirai, messieurs, tout à l'heure quelle devra être à mes yeux cette position. Mais quelle qu'elle soit, pour pouvoir la prendre, il faut d'abord que les catholiques soient organisés. C'est la première condition, et ce doit être le premier objet de leur activité. Tant qu'ils ne le seront pas, ni l'opinion ni les partis ne compteront avec eux comme ils ont le droit d'y prétendre ; au moment des élections, ils seront absorbés dans l'ensemble des forces conservatrices; au lendemain, ils redeviendront des isolés, sans moyen d'action pour réclamer leurs droits, pour se défendre contre l'oppression, pour dicter au besoin les conditions de leur concours, incapables de se faire craindre de leurs ennemis ou d'inspirer confiance à leurs amis.

Depuis un an, cette idée d'organisation des forces catholiques a fait son chemin et les jeunes gens s'en sont emparés ; c'est la meilleure garantie de son succès. Par leur initiative, la Ligue catholique et sociale s'est fondée, elle s'est établie dans beaucoup de départements, quelquefois sous des noms différents, mais partout dans le même esprit ; nulle part plus promptement et déjà plus solidement qu'à Saint-Etienne.

Messieurs, le mouvement est donc lancé, il faut qu'il se développe et que l'organisation devienne générale.

Cela est bien plus important que la campagne électorale elle-même, ou plutôt c'est le seul moyen de la rendre sérieuse. Les élections sont un incident, une forme particulière du combat : ce ne doit pas être l'objet exclusif ni même l'objet principal de nos efforts; il ne faut pas s'organiser en vue des élections, il faut être organisé en tout temps, et au moment des élections agir suivant les circonstances. (*Applaudissements.*)

Or, être organisé, c'est avoir un mode de recrutement, des cadres constitués, un commandement reconnu et obéi, une administration enfin capable de pourvoir aux besoins matériels de la lutte; c'est surtout, quand il s'agit, non pas d'une force militaire dont l'amour de la patrie suffit à former les liens, mais d'une force politique, avoir un programme, c'est-à-dire un corps de doctrines qui unit étroitement et les chefs et les soldats, qui reste entier comme l'exposé des convictions communes et la formule des espérances de l'avenir, alors même que les circonstances ne permettent d'en poursuivre que le succès partiel et relatif.

Etablissons donc d'abord notre programme : un des principaux orateurs du parti radical, M. Pichon, me répondant l'autre jour à la Chambre, et rappelant les déclarations que j'ai faites l'été dernier à Grenoble et à Lille, me disait : « Vous acceptez la forme pour avoir le fond ».

Je ne l'ai pas contredit : nous acceptons la forme, mais nous voulons, en effet, conquérir le fond (*Vifs applaudissements*), c'est-à-dire le respect des droits de Dieu dans les institutions et dans les lois de notre pays. (*Applaudissements.*) M. Pichon ajoutait : « Vous connaissez mal le parti dans lequel vous entrez, il ne vous donnera pas ce que vous voulez »... Messieurs, en nous plaçant sur le terrain constitutionnel, nous n'entrons dans aucun parti : nous sommes catholiques, et rien de plus : nous prétendons, en cette qualité, d'abord réclamer des droits méconnus et des libertés supprimées; puis, en même temps, faire rentrer les principes chrétiens dans la législation corrompue par l'athéisme social. (*Applaudissements.*) Nous sommes prêts à soutenir tous ceux qui nous aideront à le faire, mais nous n'attendons rien, à cet égard, des hommes qui dominent encore la Chambre et le gouvernement.

Voilà l'esprit de cette Encyclique du 16 février 1892, à laquelle nous avons obéi. Il faut le dire franchement et nettement, elle n'a pas été seulement dénaturée par l'esprit de parti, elle a été aussi exploitée par l'ambition. Quelques-uns ont affecté d'y voir une invitation au désarmement, non pas seulement devant la forme du gouvernement, mais devant les hommes et les doctrines. On y a cherché le moyen, comme disait M. Pichon, d'entrer dans le parti qui est au pouvoir pour en finir avec les désagréments et les ennuis de l'opposition, on y a cherché une excuse pour cesser sur les points les plus essentiels du programme catholique une lutte devenue difficile.

Ceux qui ont exploité de la sorte les paroles du Pape lui ont fait une injure cruelle ; le Saint-Père a eu sans doute, et c'est un sujet de grande douleur, beaucoup à souffrir de la part de la France : il a dû souffrir dans son cœur paternel de la division des catholiques en face de ses conseils répétés, il a dû souffrir plus encore de l'attitude blessante du gouvernement qui a si misérablement répondu aux témoignages de sollicitude dont il comblait notre pays : mais je suppose qu'il a plus souffert encore s'il a su qu'on abusait de sa parole et de sa pensée pour couvrir de honteuses capitulations ou d'inavouables ambitions. (*Vifs applaudissements.*)

Messieurs, quant à nous, notre programme, notre corps de doctrines est aujourd'hui ce qu'il était hier : nous voulons le maintien du Concordat et son application loyale, dont le budget des cultes est une des conditions, tant que le Souverain Pontife, seul et suprême juge des besoins de la religion, n'aura pas provoqué et accepté un nouveau régime pour l'Eglise de France. Nous demandons la revision de la loi scolaire, nous n'acceptons pas le principe de la neutralité religieuse, qui va jusqu'à l'ignorance voulue des devoirs envers Dieu (*Vifs applaudissements*), fondement nécessaire de toute morale, qui exclut de l'école, même en dehors des heures de classe, l'enseignement du catéchisme et qui en bannit obligatoirement les frères et les sœurs : nous la regardons comme une loi de persécution et d'athéisme. Nous voulons une loi d'enseignement qui en garantisse la liberté et qui assure l'éducation chrétienne des enfants du peuple. (*Longs applaudissements.*)

Nous demandons la revision de la loi militaire sur l'article du service des prêtres et des séminaristes qui a pour objet, à peine dissimulé, d'entraver et de tarir leur recrutement : nous considérons cet article comme une atteinte directe au libre exercice du culte catholique garanti par le Concordat, parce que ses ministres, au mépris des droits qu'ils tirent du grand service public auquels ils sont attachés, sont ainsi condamnés à exercer une fonction formellement opposée à leur caractère. (*Applaudissements.*) Nous demandons l'abrogation de la loi du divorce que les influences juives ont introduite dans nos codes (*longs applaudissements*), et qui jette dans l'organisation sacrée de la famille un trouble profond. (*Applaudissements.*)

Nous demandons le retrait des décrets de dissolution qui frappent certaines congrégations religieuses, et que nous regardons comme attentatoires à la liberté du culte, des consciences et du domicile, et nous réclamons la liberté d'association pour les associations religieuses aussi bien que pour les autres. (*Applaudissements.*)

Je n'indique, vous le comprenez, que les points principaux d'un programme d'ensemble, auxquels viennent s'ajouter, dans les affaires municipales par exemple, d'autres questions du même ordre, comme la réintégration des sœurs dans les hôpitaux, et je résume ce rapide exposé en deux mots : nous voulons rendre à Dieu sa place dans la société française et au christianisme son influence et son action dans la vie nationale. (*Applaudissements.*)

Voilà notre programme religieux. Mais ce n'est pas, ce ne doit pas être tout le programme des catholiques. La question sociale et la question religieuse sont intimement liées, et elles constituent ensemble toute la question politique. J'ai toujours cru que les catholiques ne pouvaient se désintéresser de la question sociale, sous peine de manquer à leurs obligations vis-à-vis du peuple : aujourd'hui, depuis l'Encyclique sur la condition des ouvriers, je crois qu'ils n'en ont pas le droit et que leur programme social est là, tout écrit, magistralement tracé, comme leur programme politique l'a été par l'Encyclique du 16 février.

Sur ce terrain aussi, je n'indiquerai que les grandes lignes, mais je crois nécessaire de le faire.

A mes yeux, l'ensemble de nos revendications doit tendre à assurer au peuple la jouissance de ses droits essentiels méconnus par le régime individualiste : la représentation légale de ses intérêts et de ses besoins, au lieu d'une représentation purement numérique; la préservation du foyer et de la vie de famille; la possibilité pour chacun de vivre et de faire vivre les siens du produit de son travail, avec une garantie contre l'insécurité résultant des accidents, de la maladie, du chômage et de la vieillesse; l'assurance contre la misère inévitable; la faculté pour l'ouvrier de participer aux bénéfices et même, par la coopération, à la propriété des entreprises auxquelles il concourt par son travail; enfin la protection contre les agiotages et les spéculations qui épuisent les épargnes du peuple et le condamnent à l'indigence, pendant que, suivant les paroles de l'Encyclique, « une fraction, maîtresse absolue de l'industrie et du commerce, détourne le cours des richesses et en fait affluer vers elle toutes les sources ». (*Longs applaudissements.*)

Deux forces doivent concourir à la réalisation de ce programme : l'organisation professionnelle et la législation.

L'organisation professionnelle, pour laquelle nous demandons la liberté la plus large, donnera le moyen d'assurer la représentation publique du travail dans les corps élus de la nation, de déterminer dans chaque profession industrielle ou agricole le taux du juste salaire, de garantir des indemnités aux victimes d'accidents, de maladies ou de chômages, de créer une caisse de retraites pour la vieillesse, de prévenir les conflits par l'établissement des conseils permanents d'arbitrage, d'organiser corporativement l'assistance contre la misère, enfin de constituer entre les mains des travailleurs une certaine propriété collective à côté de la propriété individuelle, et sans lui porter atteinte.

La législation protégera le foyer et la vie de famille par la restriction du travail des enfants et des femmes, l'interdiction du travail de nuit, la limitation de la journée de travail, l'obligation du repos dominical; dans les campagnes, en rendant insaisissables la maison et le champ du cultivateur, les instruments et le bétail de première nécessité. (*Applaudissements*).

Elle facilitera la vie de l'ouvrier et du paysan par la diminution et la réforme des charges fiscales, particulièrement des impôts qui frappent la subsistance.

Elle favorisera la participation aux bénéfices, la constitution des sociétés coopératives de production; dans les campagnes, l'association de métayage.

Enfin, elle protégera la fortune nationale, l'épargne populaire et la morale publique par des lois sur l'agiotage, sur le jeu et les opérations de bourse, sur le fonctionnement des sociétés, sur l'exclusion des étrangers de l'exploitation et de la direction des grands services publics (*Triple salve d'applaudissements*), sur l'interdiction pour les fonctionnaires, les représentants de la nation et les agents du pouvoir, de participer aux spéculations financières. (*Longs applaudissements.*) Tels sont les principaux articles du programme social que je conseille aux catholiques d'adopter. Ils ne sont autre chose que l'application des principes posés dans l'Encyclique sur la condition des ouvriers.

Mais j'y reviens pour bien établir le lien étroit de la question religieuse et de la question sociale; ces réformes seraient vaines, inefficaces ou irréalisables, si elles n'étaient fondées sur l'éducation chrétienne, qui est la base de la morale; sur l'enseignement du catéchisme, qui apprend à connaître et à respecter les droits de Dieu, seule garantie des droits de l'homme; sur la doctrine de l'Évangile, qui enseigne la pratique des devoirs réciproques, en même temps que le respect des droits naturels; qui commande aux hommes de s'aimer les uns les autres, et leur fait une obligation de la charité aussi bien que de la justice ; qui montre aux pauvres comme aux riches, au-dessus de la poursuite légitime des biens matériels, leur immortelle destinée comme le but suprême de leur vie et le sacrifice volontairement accepté comme le moyen d'y parvenir ; si elles n'étaient fondées enfin sur la liberté de l'Eglise, condition nécessaire de son apostolat, de ses œuvres d'enseignement ou de miséricorde, de toute son action morale et matérielle.

Voilà donc notre programme. C'est celui que *la Ligue catholique et sociale* a proclamé quand elle a écrit sur son drapeau, le jour de sa fondation, les droits de Dieu et les droits du peuple.

Elle n'a plus maintenant qu'à le propager et pour cela à développer son organisation.

Je voudrais que partout, dans chaque département, dans chaque canton, elle eût ses représentants, groupés ou non en comités, suivant les circonstances et les facilités locales, recrutant des adhérents, recueillant les ressources matérielles indispensables à son action, se tenant en communication constante avec la population pour connaître ses besoins et ses souffrances, pour se renseigner sur tous les incidents qui intéressent la vie religieuse ou sociale du pays, dénoncer impitoyablement dans la presse les violences, les diffamations, les abus de pouvoir, en poursuivre les auteurs devant la justice, et, si elle se dérobe, si elle fait défaut, devant l'opinion (*Applaudissements*) ; se mettant au service de tous pour revendiquer les droits des faibles, des opprimés de tout rang et de toute nature, pour les soutenir, moralement et matériellement, par les institutions gratuites comme les secrétariats du peuple, pour leur apprendre enfin à se défendre eux-mêmes en s'associant. (*Applaudissements.*)

Je voudrais que le comité parisien de *la Ligue* se tînt à la disposition de tous ces groupements de province, pour les aider, les seconder de toutes manières : lorsque, dernièrement il a entrepris l'affichage du discours que je venais de prononcer à la Chambre (et je saisis cette occasion pour le remercier publiquement, lui et tous ceux qui ont

répondu à son appel, de l'honneur qu'ils m'ont fait), il a
pu se rendre compte du grand nombre de bonnes volontés
prêtes à se manifester, à s'unir pour une action com-
mune, il a noué, à cette occasion, des relations dans
presque tous les départements, avec des groupes déjà organisés : il ne les laissera pas perdre.

J'aurai tout dit au sujet du plan d'organisation que j'es-
quisse devant vous, en ajoutant enfin que je voudrais voir
s'ouvrir partout une souscription permanente qui fît appel
non pas seulement aux dons de personnes riches et géné-
reuses, mais à la très petite, très modeste contribution de
tous ceux qui ont à cœur le succès de la cause catholique
(*Applaudissements*) ; toute lutte suppose des moyens pécu-
niaires et entraîne des sacrifices : celle que nous avons à
soutenir en exige beaucoup ; sachons les faire et osons les
demander ! La souscription volontaire est la seule arme de
ceux qui n'ont pas au service de leur parti le budget des
contribuables. (*Rires et applaudisesments.*)

Mais c'est une arme qui peut devenir toute-puissante et
donner à la fois l'argent et les hommes, les ressources et
le recrutement. C'est avec elle que l'Irlande a conquis sa
liberté religieuse, c'est par elle qu'elle obtiendra son indé-
pendance politique. (*Applaudissements.*)

L'œuvre du centime électoral que *la Ligue* a entreprise
est une forme heureuse de cette souscription permanente ;
elle peut être modifiée suivant les situations et les habitudes de chaque région : d'autres procédés peuvent être
employés. Tous seront bons s'ils concourent au résulta
final, qui est l'organisation solide de nos forces.

Messieurs, l'organisation n'est cependant pas tout :
l'action est plus nécessaire encore, ou plutôt l'une ne va
pas sans l'autre.

Il faut donc agir. Comment ? Sur quel terrain ? Oh ! je
n'hésite pas à le dire avec la conviction la plus ardente :
sur le terrain social, et en allant au peuple. C'est là
qu'est l'avenir, la mission de la jeunesse catholique. Sur
le terrain religieux, vous avez à vous défendre, à réclamer vos droits, à protester contre la violence, à combattre

enfin la franc-maçonnerie pour arracher la France de ses mains. (*Applaudissements.*) C'est une partie de votre tâche. Sur le terrain social, vous avez à vous dresser en face des socialistes, seuls debout avec vous au milieu des ruines du libéralisme bourgeois, à opposer vos doctrines aux leurs, à leur disputer l'âme et l'intelligence du peuple, non pas pour le vain orgueil de le diriger, mais par amour pour lui, par dévouement sincère à sa cause, pour le conduire pacifiquement à un état social meilleur et plus juste, (*Applaudissements*) et pour le sauver, lui et votre patrie du même coup, de la barbarie que lui prépare le collectivisme athée où se résume aujourd'hui tout le programme socialiste. (*Applaudissements.*)

Voilà votre œuvre, celle que vous commande Léon XIII ; voilà pourquoi il faut que vous ayez un programme social, pourquoi il faut que vous étudiiez la vraie doctrine, que vous vous pénétriez de l'Encyclique sur les ouvriers, que vous vous affranchissiez des théories convenues de l'ancienne orthodoxie économique et que vous vous fassiez les apôtres de l'économie catholique.

Voilà pourquoi il faut que vous soyez dégagés de toute préoccupation politique, et qu'acceptant les formes, les habitudes de langage et les institutions de la démocratie, vous n'ayez plus qu'une idée, la rendre chrétienne. (*Applaudissements.*)

Voilà pourquoi, enfin, il faut que vous vous mêliez au peuple, que vous lui parliez, que vous écriviez pour lui, que vous organisiez partout des réunions d'études, des conférences, des cours, que vous affrontiez les discussions contradictoires.

Depuis longtemps, vous le savez, je le pense et je le répète. L'événement me donne raison. Il y a quelque chose qui finit, qui s'écroule dans notre pays et dans le monde : c'est le régime matérialiste d'où est sortie la toute-puissance de l'argent. On cherche des complots, des préméditations savantes derrière les scandales qui débordent ! C'est peine perdue. Il a suffi d'un incident violent, d'une affaire véreuse, pour faire éclater la honte et la misère d'un état social fondé sur la glorification de la richesse et le mépris de la loi de Dieu.

Eh bien! qu'on y prenne garde : l'héritier naturel du capitalisme païen et de la banque juive, c'est le socialisme révolutionnaire. (*Applaudissements.*) C'est là que nous pousse la déroute des satisfaits et des agioteurs. Et je n'hésite pas à l'ajouter, c'est le péril de la courageuse campagne des antisémites, si justement populaire par son principe et par sa vigueur, d'y pousser aussi et de précipiter la catastrophe, au lieu de la conjurer.

Les catholiques ont un autre devoir : ils doivent sans doute dénoncer le mal; mais pour le guérir au lieu d'en tirer vengeance, pour montrer le remède en préparant l'avenir et pour empêcher l'explosion coupable des colères mal conseillées, en s'interposant entre les riches et les pauvres, les puissants et les faibles. (*Applaudissements.*)

Messieurs, ce rôle de pacificateurs que j'ambitionne pour vous sur le terrain social, je crois que vous pourrez le remplir aussi sur d'autres terrains, et je reviens ainsi à la question électorale.

Je vous ai promis de vous dire quelle position je conseillerais aux catholiques de prendre dans le combat qui s'apprête. C'est par là que je terminerai.

Le programme que je viens d'exposer devant vous n'est pas, ne peut pas être un programme électoral : c'est, je vous l'ai dit, le corps de doctrines l'ensemble d'idées et de revendications qui doit vous servir à vous reconnaître, à vous recruter, à vous organiser. Où porterez-vous la force ainsi conquise? Quel usage en ferez-vous? Celui que va vous dicter l'amour de la France, du peuple et de l'Eglise. Notre pays a besoin à l'heure présente, pour son repos, de certaines garanties qu'appellent au fond du cœur, j'en suis convaincu, l'immense majorité de ses habitants; l'autorité dans le gouvernement, sans laquelle il n'y a ni ordre public, ni tranquillité au dedans, ni prestige au dehors, et partant point de sécurité pour le travail, pour l'industrie ni pour la grandeur nationale : la paix religieuse, qui ne se peut trouver que dans le respect du vieux culte, auquel est attachée la plus grande partie du pays, et dans la liberté assurée à la conscience de ceux qui le professent non seulement pour eux-mêmes mais pour l'éducation de leurs enfants ; l'égalité politique sincèrement pratiquée, sans que les croyances ou les opinions puissent être pour personne un sujet de suspicion, de persécution, ou d'exclusion des carrières publiques (*applaudissements*) ; le progrès sagement réglé des réformes qui touchent à la condition des travailleurs, enfin l'honnêteté des mœurs politiques et sociales.

Je crois que la France demande ardemment l'union de ses enfants sur ce terrain accessible à tous. Nous n'avons aucune raison pour ne pas nous y porter les premiers ; en donnant cet exemple, nous n'abandonnerons rien de nos principes, de nos idées, de nos pensées d'avenir. Ce n'est pas tout ce que nous souhaitons, tout ce que nous voulons : c'est un minimum que nous pouvons loyalement accepter, et le pouvant ainsi, mon avis est que le patriotisme nous commande de le dire et de le faire hautement, sans arrière-pensée. (*Applaudissements.*)

L'anti-cléricalisme a servi longtemps de drapeau et de mot de ralliement à la secte qui a confisqué la direction des affaires publiques en trompant le pays avec l'épouvantail du gouvernement des curés. C'est une manœuvre usée. Le peuple commence à voir clair, à se demander ce qu'il gagne à la guerre religieuse, à trouver qu'elle n'est pour lui qu'un leurre ; les hommes indépendants de toutes les opinions, beaucoup même qui sont éloignés de nos croyances, sont lassés des procès contre les curés, des traitements supprimés, des tracasseries contre les cléricaux, des laïcisations d'écoles faites contre le vœu des communes et de tout ce système de gouvernement imposé par la franc-maçonnerie qui fait naître dans les esprits et dans les âmes un malaise grandissant. (*Applaudissements.*) On voudrait la paix, et on sent qu'elle ne se trouvera que dans la liberté. Fatigués des francs-maçons, les hommes d'ordre et de travail ont peur des radicaux, surtout en les voyant alliés aux socialistes révolutionnaires, et ils s'alarment de les voir tenir prisonniers successivement tous les ministères qui recherchent leur appui, ils s'aperçoivent et s'effrayent du mal profond que le matérialisme officiel a fait au pays, ils commencent à penser que la religion est une force sans laquelle tout gouvernement est impossible, et que le catéchisme est encore le meilleur moyen de modérer les passions des hommes. (*Vifs applaudissements.*) Le débordement des scandales qui s'étale au grand jour conduit aux mêmes réflexions : la morale chrétienne apparaît comme la sauvegarde la plus sûre de l'honnêteté publique. Ainsi la liberté religieuse se montre à tous comme le port où peuvent se rencontrer tous les hommes de bonne volonté.

Messieurs, les catholiques doivent les premiers leur tendre la main et s'unir à eux quels qu'ils soient, d'où qu'ils viennent, avec ce seul mot comme programme électoral. C'est la plate-forme où je voudrais les voir porter toutes les forces qu'ils auront su grouper et organiser. (*Applaudissements.*) Ainsi ils répondront aux vœux et aux indications du Souverain Pontife, et, sûrs d'être fidèles à leur devoir de catholiques, ils auront la conscience de l'être également à leurs devoirs de Français, en sacrifiant au bien public tout ce qui, dans leur programme, serait trop absolu ou trop hardi pour rallier le faisceau des honnêtes gens.

Messieurs, la jeunesse, j'espère, entendra l'appel que je lui adresse. Je bois avec confiance à ses succès, à son avenir et à celui qu'elle prépare pour la patrie française. (*Triple salve d'applaudissements. Longues acclamations.*)

Paris. — F. Levé, imprimeur de l'Archevêché, rue Cassette, 17